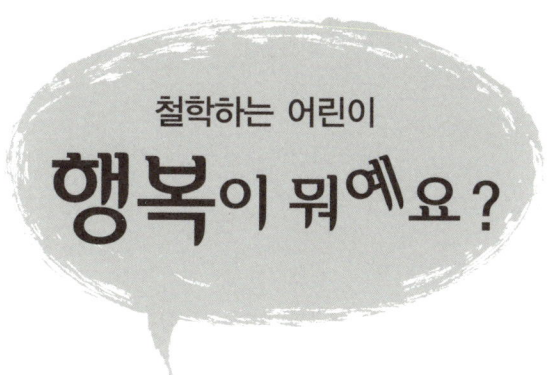

이 책은 프랑스 낭테르 시 어린이들과 오스카 브르니피에 선생님의
철학적 대화를 담은 책입니다.

LE BONHEUR, C'EST QUOI?

Written by Oscar Brenifier
Illustrated by Catherine Meurisse

Copyright 2007 by Éditions NATHAN-Paris, France
Éditions-originale : LE BONHEUR, C'EST QUOI?
www.brenifier.com

Korean Translation Copyright 2007 by Maks Publishing Co.,Ltd.(Sangsuri)
Korean Edition is published by arrangement with Éditions NATHAN
through PK Agency, Korea.

본 저작물의 한국어 판권은 PK Agency를 통해 Les Editions Actes Sud S.A.와의 독점 계약으로
도서출판 (주)맥스교육(상수리)에 있습니다. 한국 내에서 저작권법에 따라 보호를 받는 책이므로
무단 전재와 무단 복제를 금합니다.

상수리

상수리나무는 가뭄이 들수록 더 깊게 뿌리를 내리고
당당하게 서서 더 많은 열매를 맺습니다.
숲의 지배자인 상수리나무는 참나무과에 속하고, 꿀밤나무라 불리기도 합니다.
성경에 아브라함이 세 명의 천사를 만나는 곳도 상수리나무 앞이지요.
이런 상수리나무의 강인한 생명력과 특별한 능력을 귀히 여겨
출판사 이름을 '상수리' 라고 했습니다.
우리 어린이들에게 상수리나무의 기상과 생명력을 키우는
좋은 책을 계속 만들어 가겠습니다.

철학하는 어린이
행복이 뭐예요?

글 | 오스카 브르니피에
그림 | 카트린느 뫼리쓰
옮김 | 양진희

상수리

 ## 우리는 왜 질문을 할까요?

어린이들은 부모에게 혹은 선생님에게 온갖 종류의 질문을 하지요.
질문 중에는 어린이들이 아주 궁금해하는 질문들도 많답니다.
어린이들이 질문을 하면 어떻게 해야 할까요?
부모나 선생님은 어린이들의 질문에 반드시 대답을 해 주어야만 할까요?
그런데 왜 부모나 선생님이 대답을 해야 하지요?
어린이들이 대답을 하면 어떨까요?

이 책에서 부모나 선생님의 대답을 제외시키려는 건 아니에요.
왜냐하면 부모나 선생님의 대답은 어린이 스스로 생각할 수 있도록
도와주니까요. 그렇지만 어린이 스스로 질문에 대해서 생각하고 판단하면서,
자립심을 키워서 책임감을 가질 수 있도록 깊이 생각하는 연습을 하는 것도
바람직하겠죠?

〈철학하는 어린이〉 시리즈에서는
각각의 다양한 질문에 대해서 여러 가지 대답을 해 주고 있습니다.
명확해 보이는 대답도 있고, 애매하거나 놀라운 대답도 있고,
고개를 갸우뚱하게 만드는 대답도 있지요.
이런 대답들은 또 다른 질문을 하게 만든답니다. 왜냐하면 생각이란
끝을 알 수 없이 꼬리에 꼬리를 물고 일어나기 때문이죠.

이렇게 해서 하게 되는 마지막 질문들은 어쩌면 대답할 수 없을지도 몰라요.
하지만 차라리 그게 더 나을 수도 있지요. 반드시 대답할 필요는 없습니다.
어떤 질문들은 단지 그 질문이 어떤 의미와 가치를 갖고 있기 때문에
그 자체만으로 좋을 수도 있답니다.

오스카 브르니피에

추천의 글
마음의 중심을 키워 주는
보물 같은 어린이 철학 책

우리는 의외로 우리 자신을 과소평가합니다. 생각해 보면 한 인간을 만들기 위해서 우주는 헤아릴 수 없이 긴 억겁의 시간을 기다렸고 지구는 45억 년을 돌았습니다. 한 존재가 태어나기까지의 과정을 추적한다면 누구나 분명히 고백할 수 있습니다. '나'는 이 땅에 온 별이라고.
그런데 그 별이 빛을 잃고 돌이 되는 건 바로 '나' 때문입니다.
사회심리학자이면서 철학자인 에리히 프롬이 그랬습니다. "인간을 낙원에서 추방할 수 있는 자는 오로지 인간뿐"이라고. 우리는 너무 쉽게 우리 자신을 깎아내려서 스스로를 낙원에서 추방한 것이지요. 지금 가난하다고, 당장 일자리가 불안하다고, 더 이상 젊지 않다고, 학벌이 별로라고, 스스로 콤플렉스를 만들면서 45억 년 세월이, 억겁의 세월이 우리를 낳은 까닭을 잊고 살아왔습니다.
〈철학하는 어린이〉 시리즈는 우리가 만든 콤플렉스 때문에 우리가 놓친 삶의 가치를 다시 생각할 수 있도록 해 줍니다. 진짜 아름다움은 어떤 건지, 행복은 어디에 있는지, 우리는 왜 자유를 추구하는지, 함께 존재한다는 것의 의미는 무엇인지, '생각'하게 만듭니다. 생각이란 걸 해 보면 우리 마음속에 얼마만한 보화가 있는지 스스로 놀라게 됩니다.
처음에는 이 책을 별 생각 없이 펼쳤습니다. 그러다 놀랐습니다. '아니, 프랑스 어린이들은 어렸을 적부터 이렇게 스스로 생각하는 훈련을 받나!' 싶어서 말입니다. 어렸을 때부터 이렇게 성찰의 논리를 배워 익힌다면 살면서 무슨 일이 생겨도 '세상을 탓하지 않고 마음의 중심을 키워갈 수 있겠구나!' 싶었습니다.
〈철학하는 어린이〉 시리즈는 내 마음의 보물 창고를 향해 첫발을 내딛게 하는 책입니다. 이 책을 통해서 생각의 춤을 추게 되면 스스로 또 다른 방식의 춤을 추는 법도 익히리라 믿습니다.

수원대학교 철학과 교수 이 주 향

차 례

1. 아는 것 네가 행복하다는 걸 어떻게 알아? … 8
2. 쉬움 행복해지는 건 쉬울까요? … 22
3. 목적 어떻게 해서든 행복해지려고 해야 하나요? … 38
4. 돈 돈이 행복하게 해 줄까? … 54
5. 타인 행복해지려면 친구들이 필요할까요? … 68
6. 불행 왜 우리는 가끔씩 불행할까요? … 82

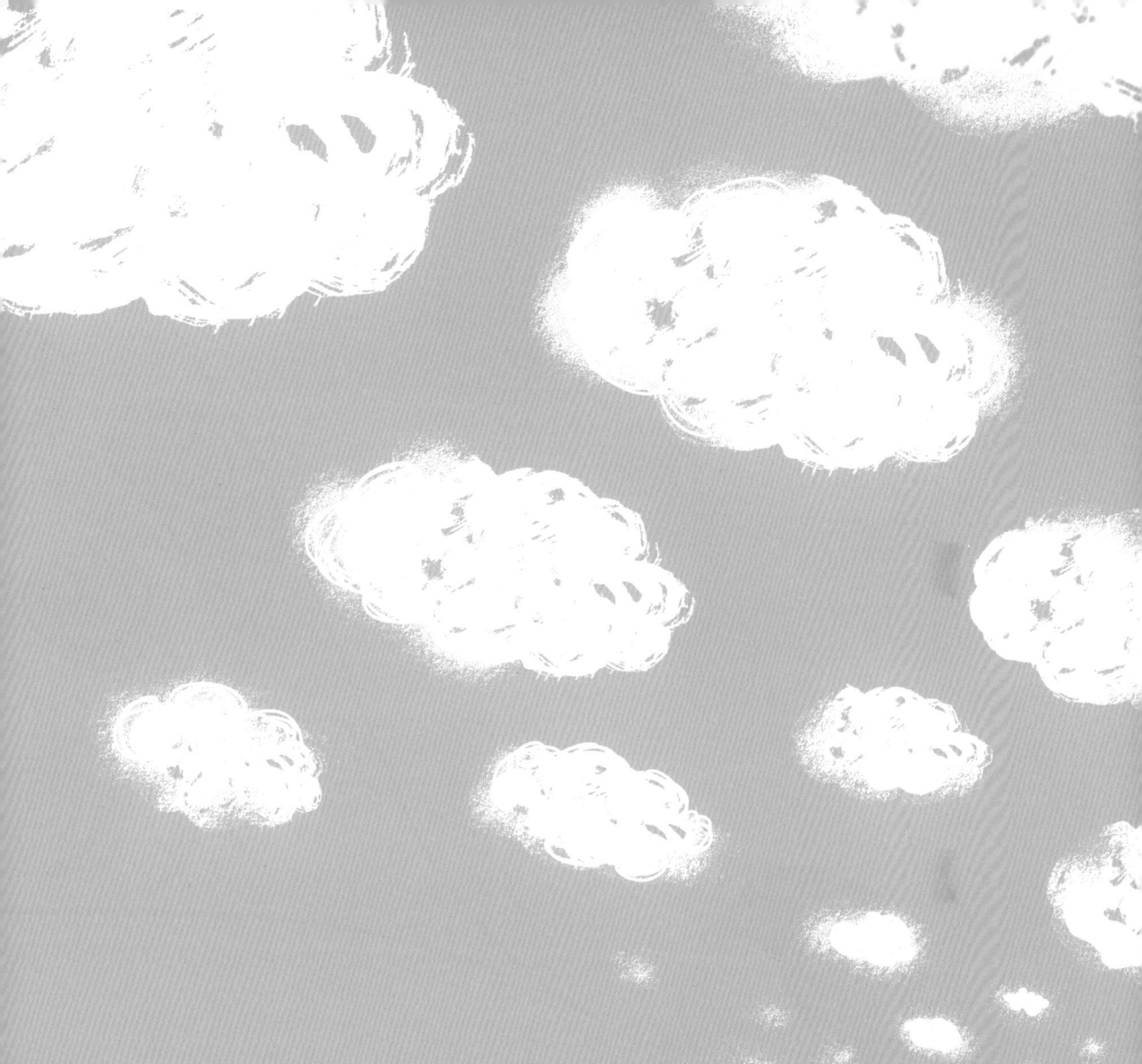

아는 것
네가 행복하다는 걸 어떻게 **알아**?

행복하다는 생각이 들 때는
마음이 붕붕 뜨면서 기분이 좋아지지요.

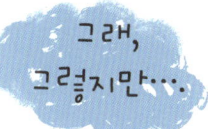

그래,
그럴지만…

착각해서 행복하다고
느낄 수도 있을까요?

친구들의 마음속에서 일어나는
일까지 알 수 있나요?

마음보다
머릿속으로만 속삭이는
행복도 있을까요?

우리는 불행해진 다음에야
행복했다는 걸 알게 되기도 한답니다.

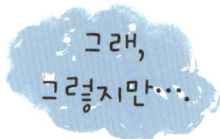

우리들은 좋았던 추억들만 골라서 기억할까요?

불행하다고 느낄 때의 기분은 어떨까요?   행복하다는 느낌은 영원할 수 있을까요?

어느 것 내가 행복하다는 걸 어떻게 알아?

우리는 때때로 세상은 아름답고, 주위의 친구나 사람들은 아주 친절하다고 느낄 때도 있습니다.

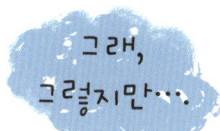

아주 배가 많이 고픈 상태에서도
세상이 아름답다고 말할 수 있을까요?

기분이 좋지도 않은데 행복함을 느끼려고
모든 것을 아름답게 봐야 할까요?

우리가 기분이 좋아서 행복하다고 느낄
때만 세상이 아름다운 것일까요?

기분이 좋으면 모든 것들이 우리를 웃게 만듭니다.

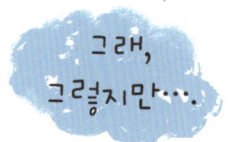

얼굴은 웃지도 않으면서
행복하다고 할 수 있을까요?

우리는 기분이 좋지 않은데도
웃을 수 있을까요?

우리는 자신을 스스로
비웃을 수 있나요?

행복함은 우리 기분에 따라
좌우되는 걸까요?

어느 것 내가 행복하다는 걸 어떻게 아냐고?

우리는 마음을 편하게 하기 위해서 시험을 망쳤다거나 하는 기분 나쁜 일들은 생각하지 않고, 더 이상 걱정을 하지 않으려고 노력하기도 합니다.

모두 잘 되고 있어!

우리들은 언제나 슬프지 않고, 행복할 수 있을까요?

생각 정리하기

행복하다는 걸 꼭 알아야만 할까요?

아마도 우리는 행복하다고 느낄 때 행복감을 충분히 즐기려고 하겠죠?
그런데 행복은 눈으로 보이는 게 아니지요. 때때로 우리는 행복을
너무 늦게 알아차리기도 합니다.
우리가 행복하다고 생각하는 것만으로도 행복해질 수 있다면
그렇게 해야겠지요. 행복을 눈으로 확인하기는 힘들어도 마음으로
느낄 수 있는 예들은 많답니다. 행복하다는 것을 확인할 수 있는
표시들이 있기도 합니다.
예를 들면, 기분이 좋을 때, 걱정거리가 사라졌을 때, 사람들이 아름다워
보일 때, 무엇을 보든 웃게 될 때 우리는 행복하다는 느낌이 들지요.
마음속 깊은 곳에서부터 말이에요. '행복해!'라고.
우리는 이런 행복해질 수 있는 마음을 배워야 합니다.
그래야 자신의 감정도 다스리고 마음의 키도 클 수 있으니까요.

이런 질문을 하는 건….

행복은 결코 영원하지 않기 때문이랍니다.

그래서 우리는 기분이 좋든 나쁘든 자신의 일을 열심히 해야 하지요. 그렇게 해서 자신의 마음을 올곧게 키워야 한답니다.

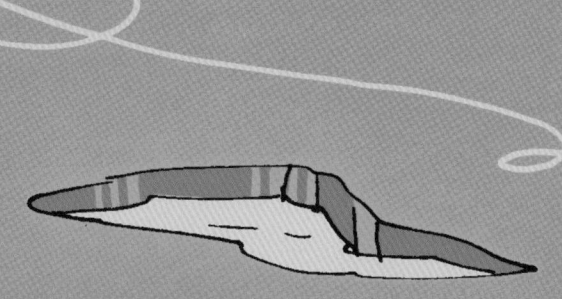

쉬움

행복해지는 건 쉬울까요?

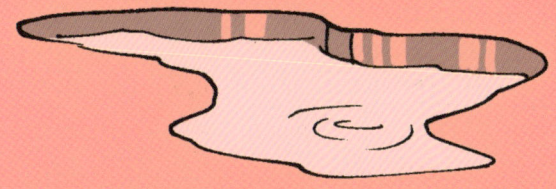

우리가 너무 많이 생각하지 않고, 지금 우리가 갖고 있는 것에 대해서 감사하는 마음을 갖는다면 행복해지는 게 쉬울 수도 있답니다.

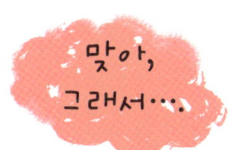

어려운 수학 문제를 다 풀었을 때 행복하지 않나요?

너무 많이 가지려고 욕심을 내지 않으면 행복할 수 있답니다.

그런데 점점 자라면서 새로운 물건들에 욕심을 내게 되지요.

우리는 축구에 열광하거나, 책을 열심히 읽거나
초콜릿을 먹는 순간에도 행복함을 느끼지요.

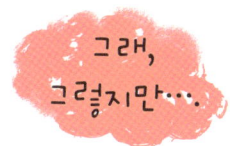

너무 욕심을 많이 내서 다른 친구들을
고통스럽게 한다면 어떻게 될까요?

무언가를 하려고 하는 마음이
식어 버린다면 어떻게 될까요?

행복은 우리가 살면서 천천히 배워 가는 것이랍니다.

행복해지려면 선생님이 필요할까요?
아니면 혼자서 행복을 배울 수 있을까요?

처음 행복해지는 건 쉬울까요?

어린아이는 나이 든
사람보다 불행할까요?

행복과 즐거움을 가르치는
학교가 따로 있나요?

자기 혼자만 행복해지려고 하지 않는다면 모두 행복해질 수 있습니다.

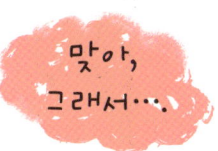

우리들은 친구들과 함께
다 같이 잘 지내기 위해서 언제나 노력을 합니다.

우리가 행복하기 위해서는 다른 친구들의
행복도 당연히 챙겨 주어야 하지요.

행복해지기 위해서는 우리에게 무엇인가가 항상 부족합니다.
완전한 행복이란 없으니까요.

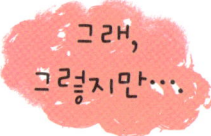

부족한 게 아무것도 없다면,
우리들은 정말로 행복할까요?

부족한 게 없는데도 자꾸 부족하다고
생각하면 마음이 즐겁지는 않겠죠?

서문 | 행복해지는 건 쉬울까요?

행복하려면 아주 많은 것들이
필요할까요?

자기가 하고 싶은 것들을
찾아서 하면 행복하겠죠?

행복해지는 게 그렇게 쉽다면, 누구나 행복해지는 비법을 알겠지요.

그래,
그렇지만…

우리가 알고 있는 행복해지는
비법은 모두 똑같을까요?

식음 행복해지는 건 쉬울까요?

바로 우리 앞에 있는 행복을
알아보지 못할 때도 있을까요?

생각정리하기

행복해지는 건 쉬울까요?

우리가 행복할 때는 행복해지는 게 아주 쉬워 보이지만
행복에 이르는 길은 복잡하고 아주 멀어 보일 때가 더 많답니다.
행복해지는 방법에 대하여 스스로 물어보고, 너무 열심히 생각하다 보면
우리가 가지고 있는 것들에 대해서 더 이상 감사하는 마음을 갖지 않게
되기도 하지요. 왜냐하면 생각을 하다 보면 부족한 것이나 잘 안 되는
일들은 언제든지 있기 때문입니다.
의욕이 너무 앞서는 생활을 계속하면 언젠가는 불행해질 수도 있거든요.
그러니까 너무 욕심을 내지 않는 방법부터 차근차근 배워야 하지요.

> 이런 질문을
> 하는 건….

우리를 행복하게 해 주는
것들이 때때로 우리를 불행하게
만들 수도 있다는 걸 깨달아야 하기 때문입니다.

욕심이나 질투 또는 두려움에
지나치게 신경을 쓰면 행복해질 수 없답니다.

목적
어떻게 해서든
행복해지려고 해야 하나요?

시험을 망쳤다고 모든 게
엉망인 것은 아니죠?

불행한 일이 생기면 불행을 딛고
성공에 이를 수도 있어야 합니다.

행복해지기 위해서 우리는 무엇을
해야 할까요?

행복이 찾아오도록 노력을 해야 합니다!

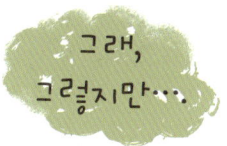
그래, 그럴지만…

행복을 느끼려면
어떤 자격이 있어야 하나요?

행복은 아주 우연히 오나요?

행복해지려면, 행복에 대해서는 아예 생각하지 말아야 할까요?

행복해지려면 공부를 하거나
중요한 무엇인가를 이루어야 합니다!

어려운 일을 극복하고
큰일을 할 수 있을까요?

자신의 일이 있다는 것은
행복한 일입니다.

때때로 일이 재미없게
느껴질 때도 있지요.

우리는 불행을 잊기 위해서
일하는 걸까요?

그래, 그렇지만…

친구들이 귀찮게 할 때마다
잘 참을 자신이 있나요?

전쟁을 하고 있는 군인들도
행복하다고 느낄 수 있을까요?

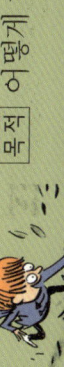

내가 친구들을 괴롭히지 않고 무시하지 않는다면
친구들과 함께 행복할 수 있을 것 같아요.

자신의 욕심을 채우기 위해서 남의
것을 훔치는 것보다는 양심을 지키는
게 더 올바른 게 아닐까요?

친구들을 배려하는 마음이 없는 게
자신의 행복을 지키는 걸까요?

행복한 게 진짜 자기 모습이랍니다.

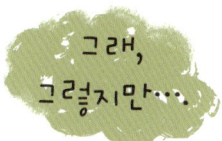

우리가 기분이 아주 나쁠 때 우리는
다른 사람으로 바뀌나요?

행복해지기 위해서 혹시
다른 사람이 되는 꿈을 꾸지는 않나요?

어려운 일들을 많이 겪는다면
마음의 키가 더 자랄까요?

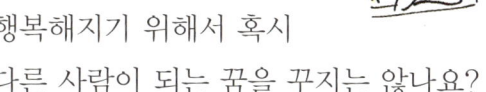

그래,
그럴지만…

봉사를 하면 행복할 수 있을까요?

행복해지려는 노력을 하지 않으면
너무 괴로울 수도 있답니다.

즐거우면 행복한 걸까요?

고통은 행복을 방해하는 걸까요?

생각 정리하기

어떻게 해서든 행복해지려고 해야 하나요?

우리들은 행복하기 위해서 무엇이든 할 준비가 되어 있지요.
심지어 친구들을 불행하게 만들 수도 있습니다.
하지만 정말로 행복해지기 위해서 행복을 바라기만
하는 걸로 충분할까요?
행복은 오히려 행복해질 자격이 있는 사람들이나 행복으로부터
아무것도 바라지 않는 사람들에게 주어지는 게 아닐까요?
우리는 자기 욕심 채우기에 급급한 욕심쟁이 친구들만
행복한 것은 아닌지 생각해 보아야 합니다.

이런 질문을 하는 건…

지금 행복하다고 너무 잘난 척을 해서도 안 되기 때문입니다.

그리고 행복과 즐거움의 차이를 구별해야만 합니다.

욕심을 줄임으로써 행복할 수 있다는 것도 알아야 하지요.

돈이 행복하게 해 줄까?

돈이 있으면 배고플 때 무언가를 사서 먹을 수 있고
건강하게 지낼 수는 있습니다.

우리를 행복하게 해 주는 건 배불리
먹었거나 잘 먹었다는 것뿐일까요?

부자들은 가난한 사람들보다
항상 건강할까요?

아픈 사람들은 건강한 사람들보다
절대로 행복하지 않은 걸까요?

돈이 있으면 우리가 원하는 건
모두 마음대로 할 수 있을까요?

그래,
그렇지만…

돈의 포로가 되면 어떻게 될까요?

돈이 우리에게 사랑이나 재능을 주거나
영원히 살게 해 줄까요?

우리는 원하는 게 아무것도
없을 때 더 자유롭지 않을까요?

피식!

돈이 행복하게 해 줄까?

돈에만 행복이 달려 있다면, 존경심은 무슨 가치가 있을까요? 존경심을 돈으로 살 수 있을까요?

거지는 텔레비전에 나오는 스타보다 덜 훌륭할까요?

돈이 있으면 옷을 사서 멋지게
차려입을 수 있고 사람들의 존경을 받을 수도 있지요.

우리는 옷을 입지 않거나 아무렇게나 입고
살면서도 행복할 수 있을까요?

행복하려면 자신부터
존중해야 할까요?

돈이 너무 많으면 돈을 잃어버리거나 도둑맞을까 봐 걱정을 합니다.

그래, 그렇지만….

가난한 사람들은 부자들보다
걱정이 더 적을까요?

돈이 마음의 평화보다 더 소중할까요?
돈이 친구보다 더 소중할까요?

우리는 돈을 나누어 주는
마음을 배워야 할까요?

돈을 잃어버리는 게 아주 큰일일까요?
건강을 잃어버리는 게 큰일일까요?

돈을 더 많이 갖고 싶어 하다 보면 언젠가는 꼭 서로 싸우게 되지요.

돈을 가난한 사람들에게 나누어 주면
행복을 느낄 수 있답니다.

우리가 갖고 있는 것을 소중하게 생각하고
만족하는 마음을 배워야 합니다.

돈이 아주 많은 사람들을 보고도
샘을 부리지 않을 수 있을까요?

돈이 없어도 과연
행복할 수 있을까요?

생각정리하기

돈이 행복하게 해 줄까요?

우리들은 돈이 사람을 행복하게 해 준다고 말하는 걸 자주 듣지요.
우리가 필요한 것들과 하고 싶은 것들의 대부분을 돈이 해결해 주는
것처럼 보이기 때문입니다.
돈이 있어야 우리가 살아갈 수 있고, 돈은 우리가 사고 싶은 것,
먹고 싶은 것을 살 수 있게 해 주기 때문이지요.
때로는 사회적 위치도 돈에 좌우되지요.
그러나 우리가 돈을 소유하고 있다고 믿고 있지만,
사실은 돈이 우리를 소유하고 있기도 하답니다.
우리를 불행하게 만들 위험이 있는 게 돈이랍니다.
가난해지거나 도둑맞을 걱정, 끊임없이 더 부자가 되고 싶은 욕심,
돈 때문에 생기는 질투심과 다툼 들은 돈이 우리 행복을 파괴하고 있는
모습들이지요. 돈은 우리가 도달해야 할 목표가 아니라 수단이라는 것을
잊어버리면 불행이 찾아옵니다. 돈이 있으면 때때로 행복에 가까이
다가갈 수도 있겠지만 돈으로 행복을 살 수는 없답니다.

이런 질문을 하는 건…

돈을 두려워하거나 돈을 지나치게 대단히 여기지는 말아야 하기 때문입니다.

행복은 돈이나 물건 같은 물질적인 것에만 있는 게 아니라는 걸 알아야 해요.

돈으로 살 수 있는 것은 쉽게 잃을 수도 있다는 것을 깨달아야 합니다.

| 타인 |
행복해지려면 친구들이 필요할까요?

행복해지려면 친구들이 필요합니다.
왜냐하면 사랑이 우리들을 행복하게 해 주니까요.

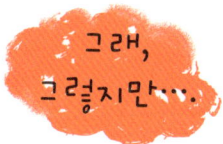

우리는 질투하지도 않고, 사랑이 끝나는 것도
겁내지 않으면서 계속 사랑하는 마음을
가질 수 있을까요?

우리는 아무도 사랑하지 않고도
행복할 수 있을까요?

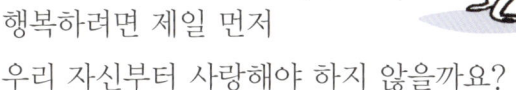

행복하려면 제일 먼저
우리 자신부터 사랑해야 하지 않을까요?

행복해지기 위해서 친구들이 꼭 필요하지는 않은 것 같아요.
왜냐하면 내가 불행할 때 다른 친구들이 나를 도와줄 수
없을 때도 많으니까요.
행복해지기 위해서 친구들이 꼭 필요한 것은 아닐지도 모릅니다.

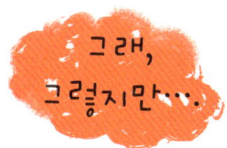

다른 친구들이 불행할 때
친구들을 도와주나요?

자신이 불행할 때
친구들의 도움을 받나요?

힘들 때 친구들이 자신을 그냥
놔두기를 바랄 때도 있나요?

슬플 때 부모나 친구들이
위로해 주지 않나요?

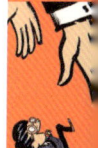

행복해지려면 친구들이 필요합니다.
왜냐하면 사람들이 나를 보고
감탄하는 걸 무척 좋아하거든요.

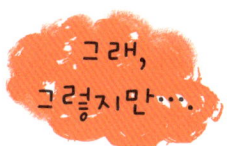

그런데 만약 나쁜 이유로
감탄한다면 어떻게 하겠습니까?

다른 친구들의 이야기에
신경을 쓰면서도 행복할 수 있나요?

친구들보다 더 잘났다고 느끼면서
행복을 느낄 때도 있나요?

나는 친구를 도와주는 걸
무척 좋아합니다.

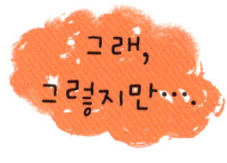

친구들이 나를 좋아하고
고마워하는 마음을 갖게 하려고
친구들에게 잘 대해 주나요?

언제든지 친구들을
도와주는 걸 좋아하나요?

그런데 만약 아무도 나를 도와주지 않아도
친구들을 계속 도와주어야 할까요?

사람들은 자신이 쓸모가 있다고
느껴야 꼭 행복할까요?

나는 혼자 컴퓨터 게임을 하는 게 더 좋아요.

그래, 그렇지만…

친구들과 함께 노는 게
행복하지 않나요?

친구들이 함께 노는 걸
싫어하면 기분이 좋을까요?

타인 행복해지려면 친구들이 필요할까요?

친구들이 컴퓨터를 잘 사용할 수 있도록 가르쳐 줄까요?

행복해지려면 친구들을 믿는 마음부터 배워야 할까요?

생각 정리하기

행복해지려면 친구들이 필요할까요?

외로움은 가장 큰 불행이라고 많은 사람들이 이야기합니다.
우리는 사랑 받고, 보살핌을 받고, 존중 받아야 행복하다고 생각하지요.
혼자 있으면 우리는 심심해집니다. 그래서 도움을 받고 싶고,
이해 받고 싶고, 위로 받고 싶어지지요. 그런데 친구들이 없거나
친구들이 항상 우리를 이해해 주는 건 아니라서 우리는 자주 실망하고
불행하다고 느낀답니다.
그렇지만 우리가 친구에게 너무 많은 걸 바라는 건 아닐까요?
친구들이 우리 대신 살아 주거나 대신 고통을 받을 수는 없으니까요.
우리가 친구들을 이기적이라고 비난할 때도 우리 자신은 그렇지 않은지
스스로 생각해 보아야 합니다.
만약에 행복이 다른 사람들과의 관계에서 온다면, 우리에게 친구가
필요한 것처럼 친구에게도 우리가 필요하다는 것을 깨달아야 합니다.
그렇기 때문에 친구들을 '왕따' 시키는 일들은 없어야 하지요.

이런 질문을
하는 건….

혼자 있을 때도 마음이
편안해야 하기 때문입니다.

그리고 사랑 받기 위해서는 사랑할 줄
알아야 한다는 걸 깨달아야 합니다.

친구들이 억지 부리는 것을 자신이
억지 부리는 것처럼 받아들여 보세요.

친구들이 있을 때나 없을 때나 언제나
즐겁게 지내는 법을 배워야 합니다.

불행
왜 우리는 가끔씩 불행할까요?

그래,
그렇지만…

죽음에 대한 생각도 우리가
즐겁게 살도록 도와줄까요?

죽음에 대해 생각하면 무서운
느낌이 들지요.

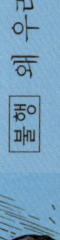

우리는 가끔씩 불행하다는 생각을 합니다.
왜냐하면 우리들은 언젠가는 모두 죽기 때문이지요.

죽음은 우리가 어떻게 할 수 없다는 것을 인정해야 합니다.

우리들이 가끔씩 불행한 이유는 지나온 과거를 후회하고,
또 다가올 미래가 두렵기 때문입니다.

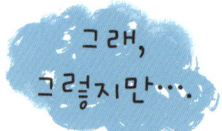

미래가 희망으로 가득 찬 것만은 아니랍니다.

우리는 지금 살고 있다는 게
두려운 걸까요?

지나온 과거를 알면 앞으로
우리가 더 잘살게 될까요?

불행 왜 우리는 가끔씩 불행할까요?

우리들은 때때로 불행합니다. 아무것도 손해 보지 않으면서
원하는 모든 것을 당장 갖고 싶어 하기 때문입니다.

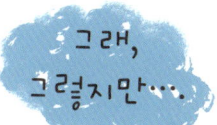

느긋하게 시간을 보내고
있을 때는 행복하지 않나요?

왜 우리가 하고 싶은 것과 갖고 싶은
것을 당장 가져야 할까요?

행복해지려면 무언가를 포기하고
기꺼이 받아들이는 마음을
배워야만 해요.

행복해지려면 아무것에도 얽매이지 않고
자유로운 마음을 가져야 합니다.

왜 가끔씩 불행할까요?
왜냐하면 우리는 기분과 생각이 자주 바뀌기 때문입니다.

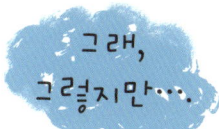

친구들의 각기 다른 성격이
우리를 즐겁게 해 주지 않을까요?

기분이나 생각을 바꾸는 걸
누가 결정할까요?

이런 많은 변화들은 우리가
성장하는 데 도움이 되지 않을까요?

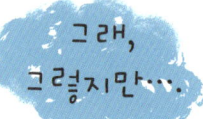

우리들이 꿈을 꾸다 보면
꿈이 현실이 될 때도 있을까요?

회장이 되고 싶다거나 커서 부자가 되고
싶다는 꿈이 근심과 걱정을 덜어 줄까요?

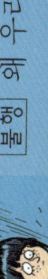

우리가 가끔씩 불행한 것은 우리들이 꿈꾸는 소망과
실제 생활이 같지 않기 때문입니다.

지금의 상황이 나쁘다고 멋진
꿈을 꾸지 말라는 법은 없습니다.

우리 희망이 삶의 목표를
제시해 주지 않을까요?

**가끔씩 우리가 불행한 것은 이 세상은 불공평한 데다
불행한 사람들이 있기 때문입니다.**

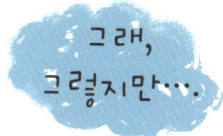

시험을 망치고 피아노도 잘 못 치고, 자신이
할 수 있는 일이 없다고 느낄 때도 희망이
있다면 언제나 행복을 느낄 수 있지요.

그래서 우리는 언제나 희망을
갖고 살아야 합니다.

우리가 불행하다면
다른 사람들은 더 행복할까요?

우리가 희망을 갖고 열심히 산다면 언제나
세상의 주인공이 될 수 있답니다.

생각정리하기

왜 우리는 가끔씩 불행할까요?

우리는 모든 게 우리에게서 멀어진다고 느낄 때 아주 불행하다는
생각을 합니다. 우리는 기분에 따라서 자신이 변하는 걸 알지요.
우리는 불확실해 보이는 미래나 고통 그리고 죽음에 대해서도 두려워합니다.
우리는 우리가 가지고 있는 것에 매달릴 때도 많고,
또 금세 실망하게 될지도 모르는 것에 욕심을 내기도 합니다.
그것은 우리가 진정으로 무엇을 원하는지 아직 잘 모르기 때문이지요.
우리는 시험을 망치거나 부모님에게 꾸중을 들었을 때 마음이 지옥 같다는
생각을 한답니다. 그래서 우리는 꿈속으로 도망을 가기도 하지요.
그건 자신의 힘든 상황과 마주하는 게 힘들기 때문이랍니다.

> 이런 질문을
> 하는 건…

불행이 행복을 가로막지는 못하기 때문이랍니다.

우리가 바꿀 수 있는 것과 우리가 해야 할 것 사이에서 모든 것을 곰곰이 생각해 보아야 합니다.

그래서 우리는 끊임없이 생각하고 마음을 다스릴 줄 알아야 합니다. 그리고 자신의 희망을 이루기 위해서 어떤 힘든 일들도 뛰어넘는 성실한 삶의 자세가 필요하지요. 그런 마음이라면 언제나 행복하겠죠?

철학하는 어린이 시리즈 01
행복이 뭐예요?

글 | 오스카 브르니피에
그림 | 카트린느 뫼리쓰
옮김 | 양진희

재판 1쇄 발행 | 2012년 4월 20일
재판 9쇄 발행 | 2021년 11월 17일

펴낸이 | 신난향
편집위원 | 박영배
펴낸곳 | (주)맥스교육(상수리)
출판등록 | 2011년 8월 17일(제321-2011-000157호)
주소 | 서울특별시 서초구 마방로2길 9(보광빌딩 5층)
대표전화 | 02-589-5133 팩스 | 02-589-5088
홈페이지 | www.maxedu.co.kr 블로그 | blog.naver.com/sangsuri_i

기획·편집 | 이도환
디자인 | 이선주
영업·마케팅 | 백민열, 김소연
경영지원 | 장주열

ISBN 978-89-960299-6-0 64100

＊이 책의 내용을 일부 또는 전부를 재사용하려면
  반드시 (주)맥스교육(상수리)의 동의를 얻어야 합니다.
＊잘못된 책은 구입한 곳에서 바꾸어 드립니다.

> 상수리는 독자 여러분의 귀한 원고를 기다리고 있습니다.
> 투고 원고는 이메일 maxedu@maxedu.co.kr로 보내 주세요.

어린이제품안전특별법에 의한 제품 표시
제조자명 (주)맥스교육(상수리) ＼ **제조국** 대한민국 ＼ **제조년월** 2021년 11월 ＼ **사용연령** 만 7세 이상 어린이 제품